```
         I
         M
REALITY
   G   I
   I   O
   N   N
   A
```

SURVIVAL
LIFE

EAT
LOVE

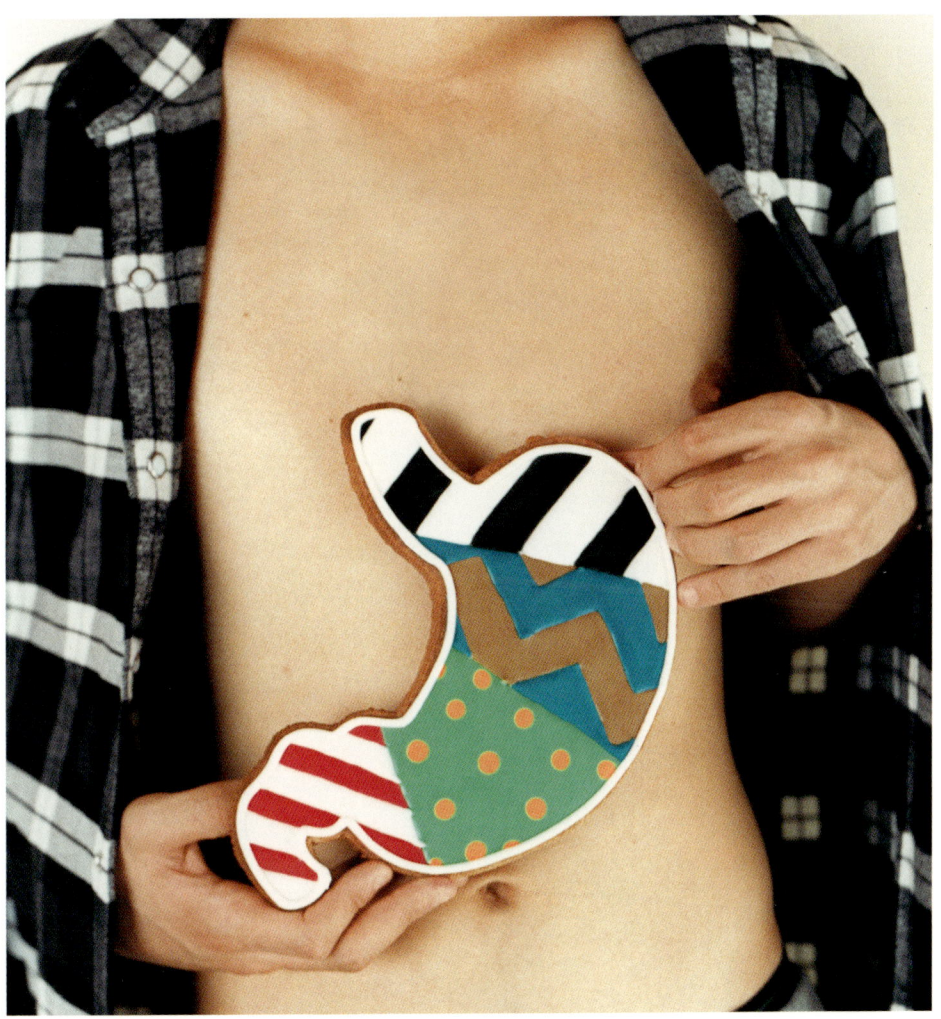

SHADOW
CONTEMPT

DREAM
SECRET

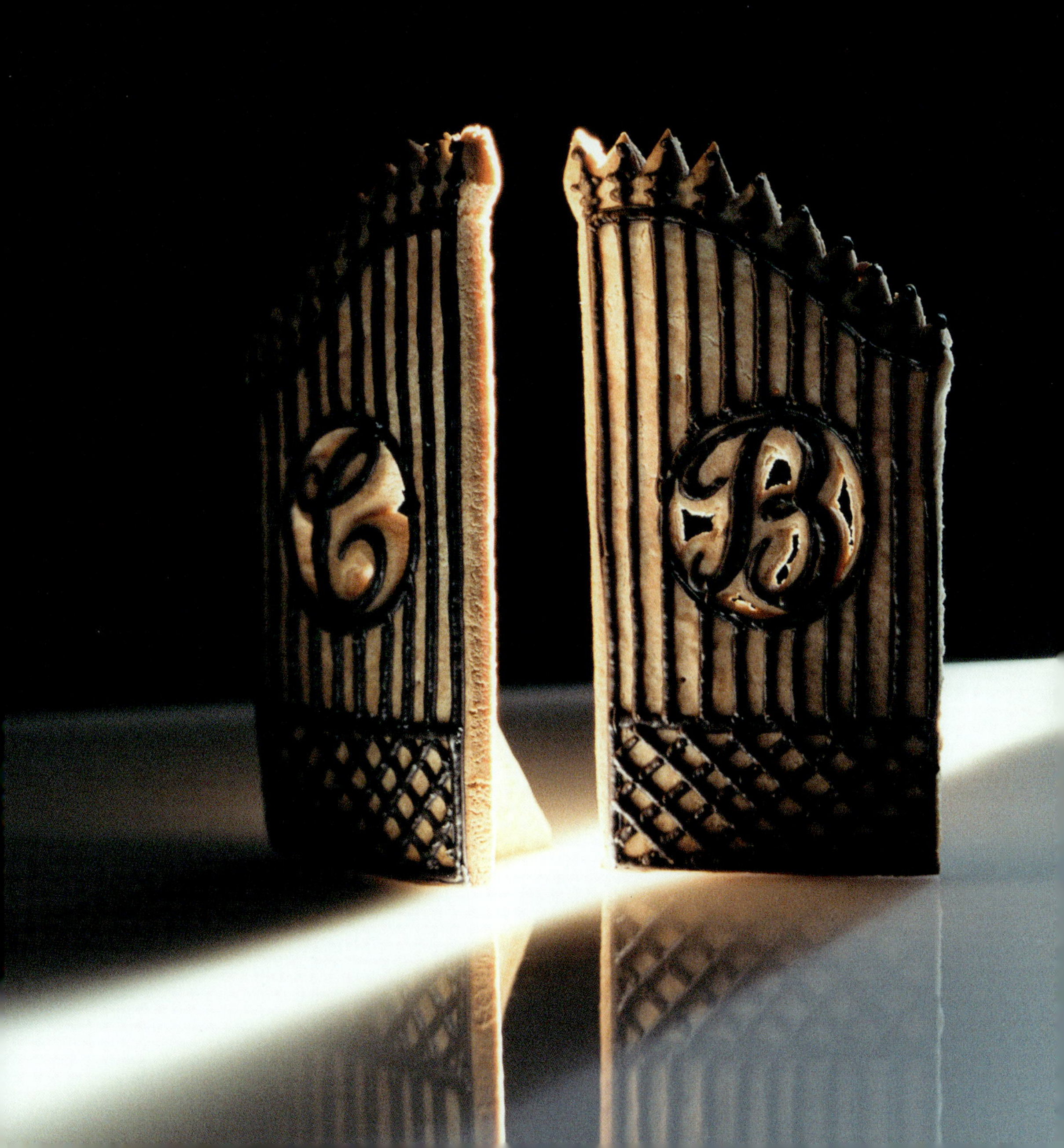

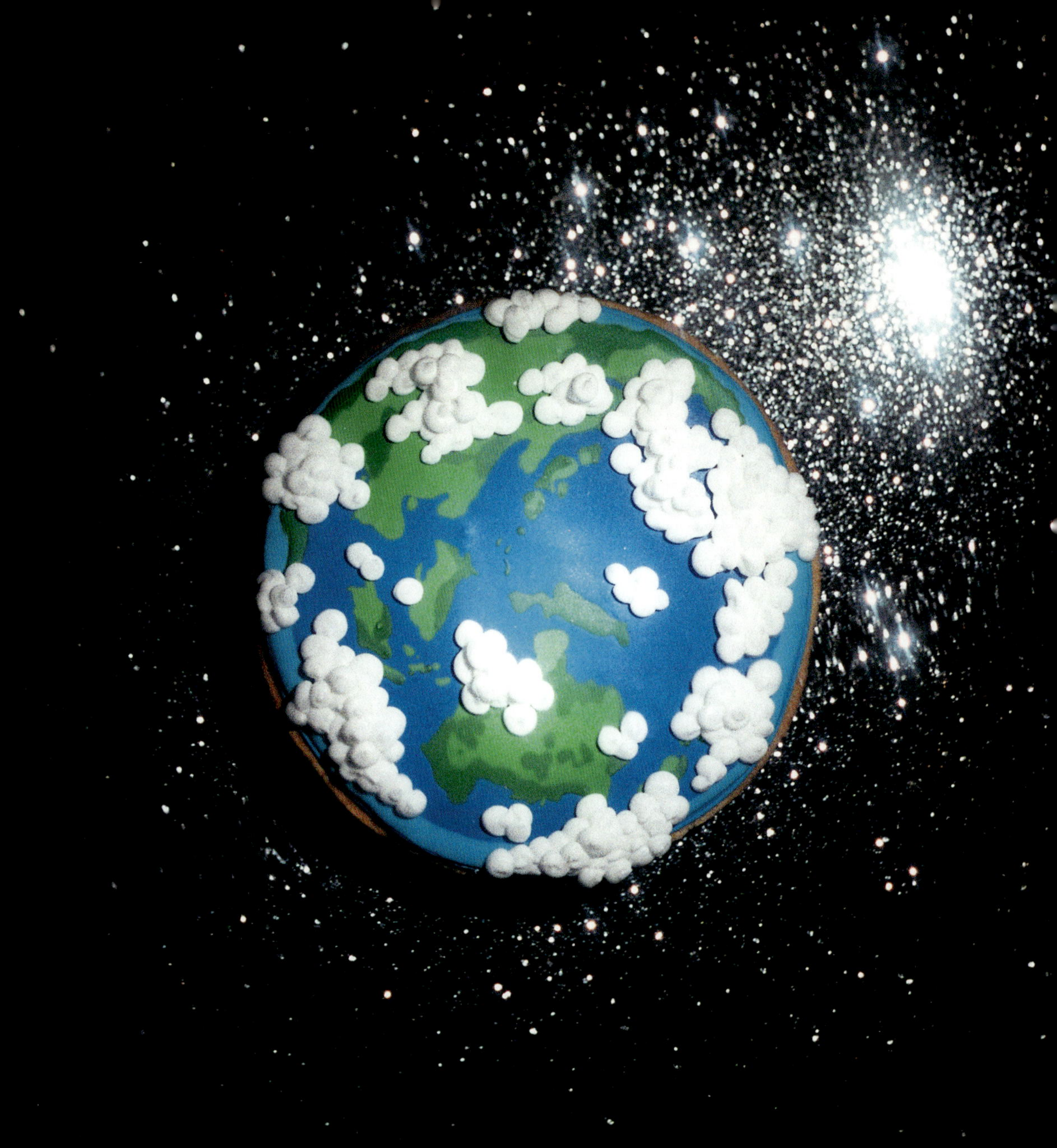

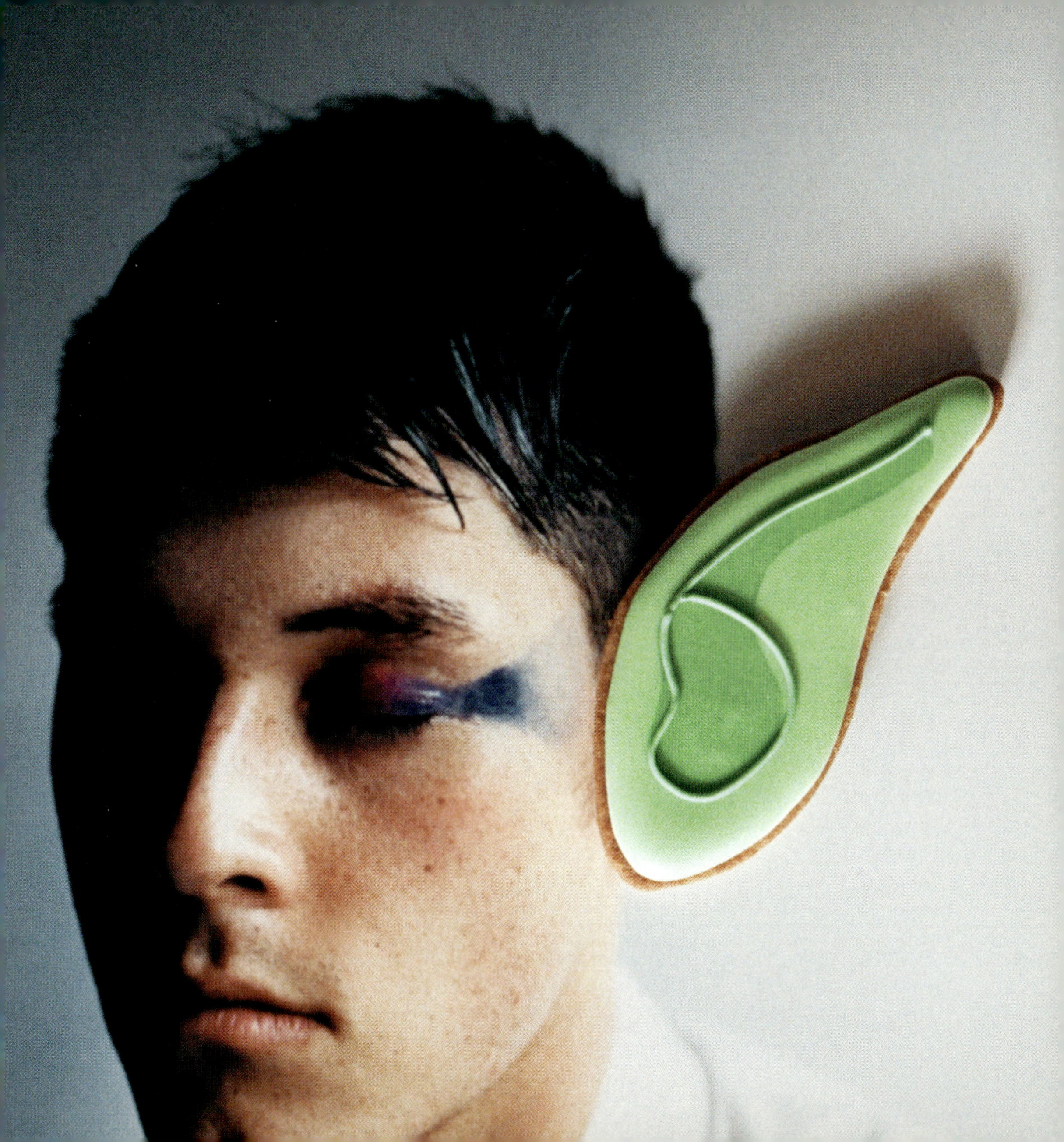

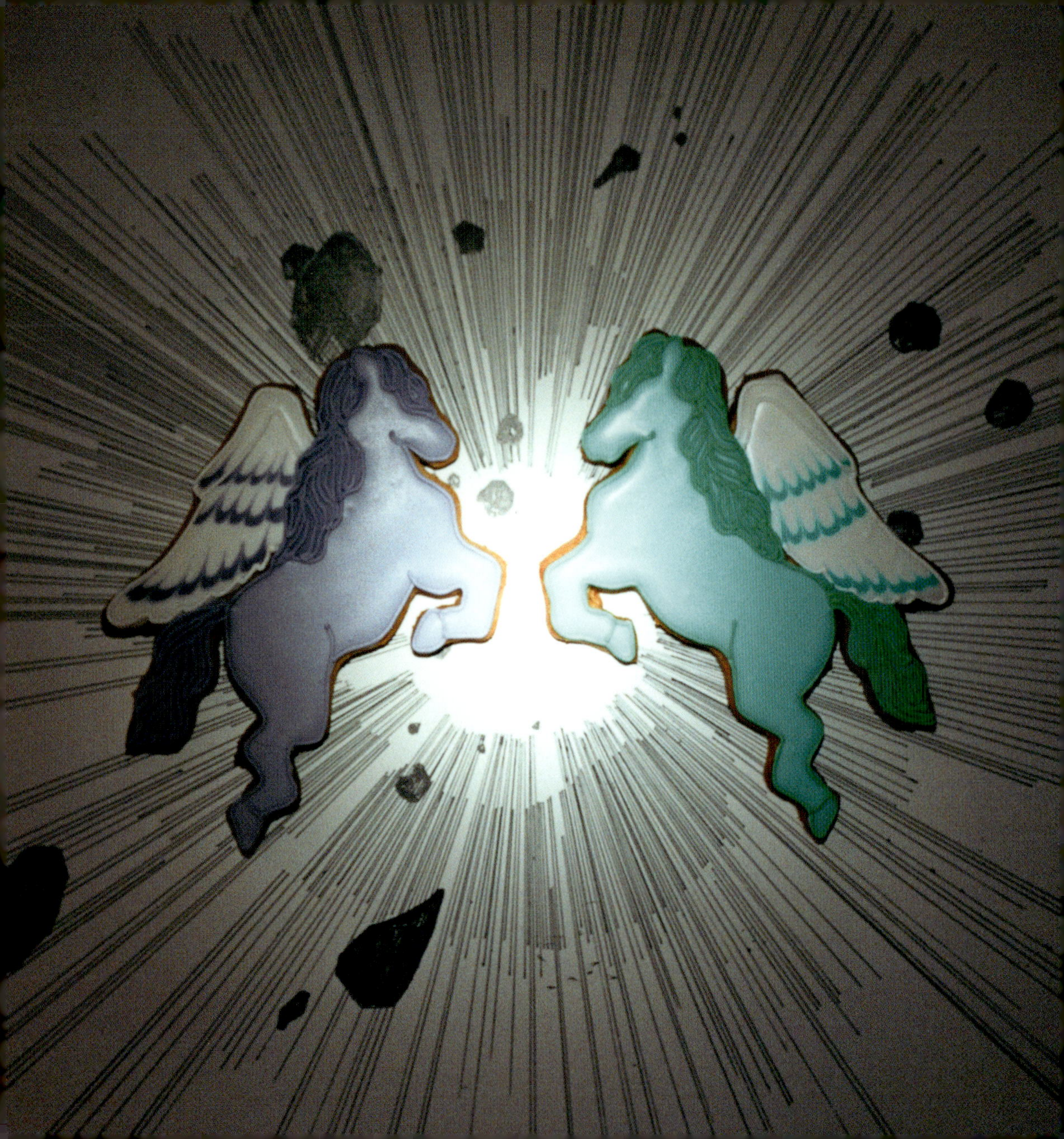

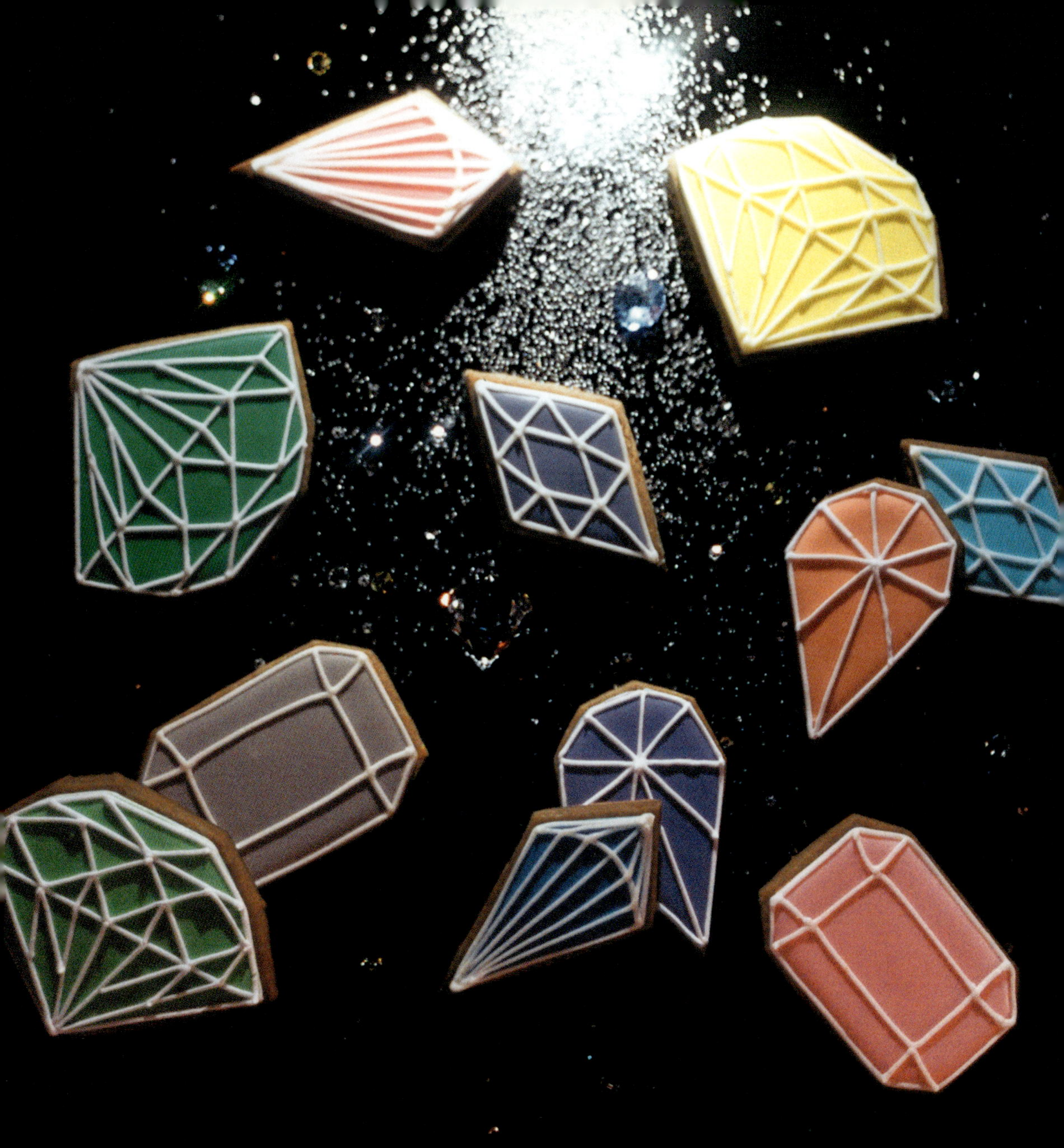

cookieboy

WAKE UP

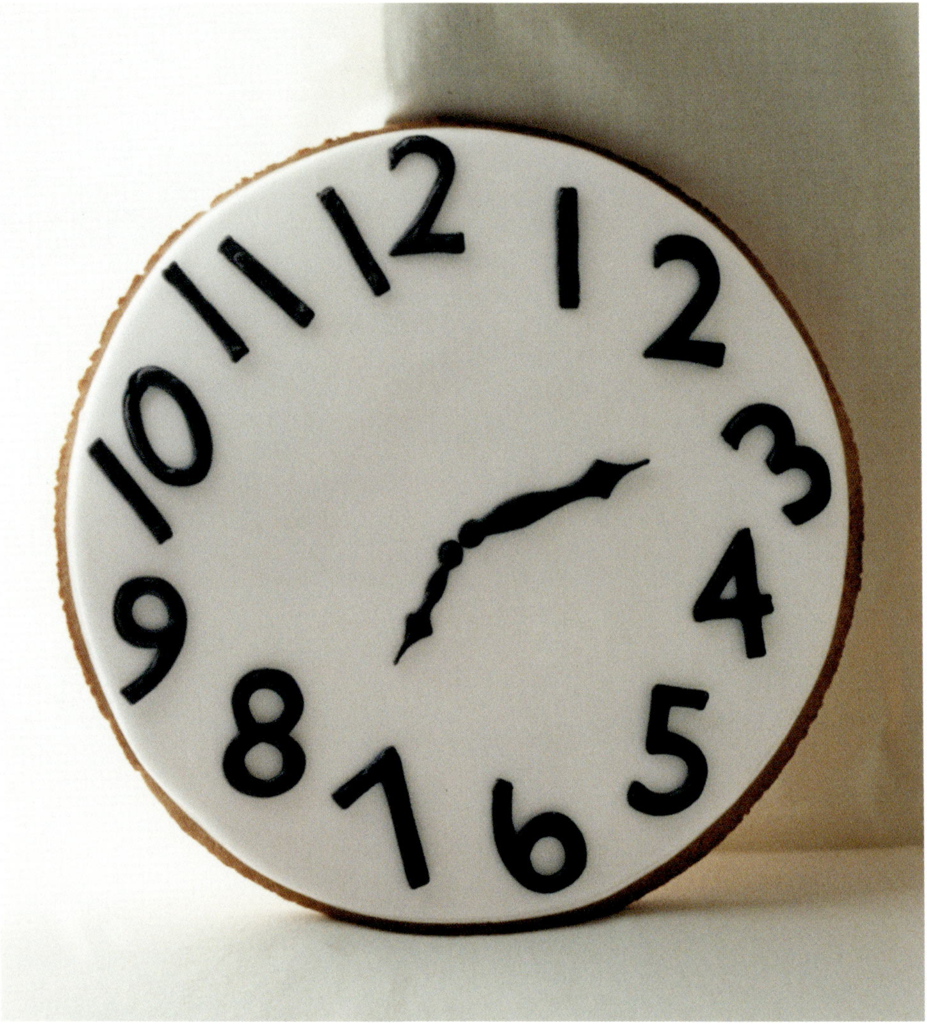

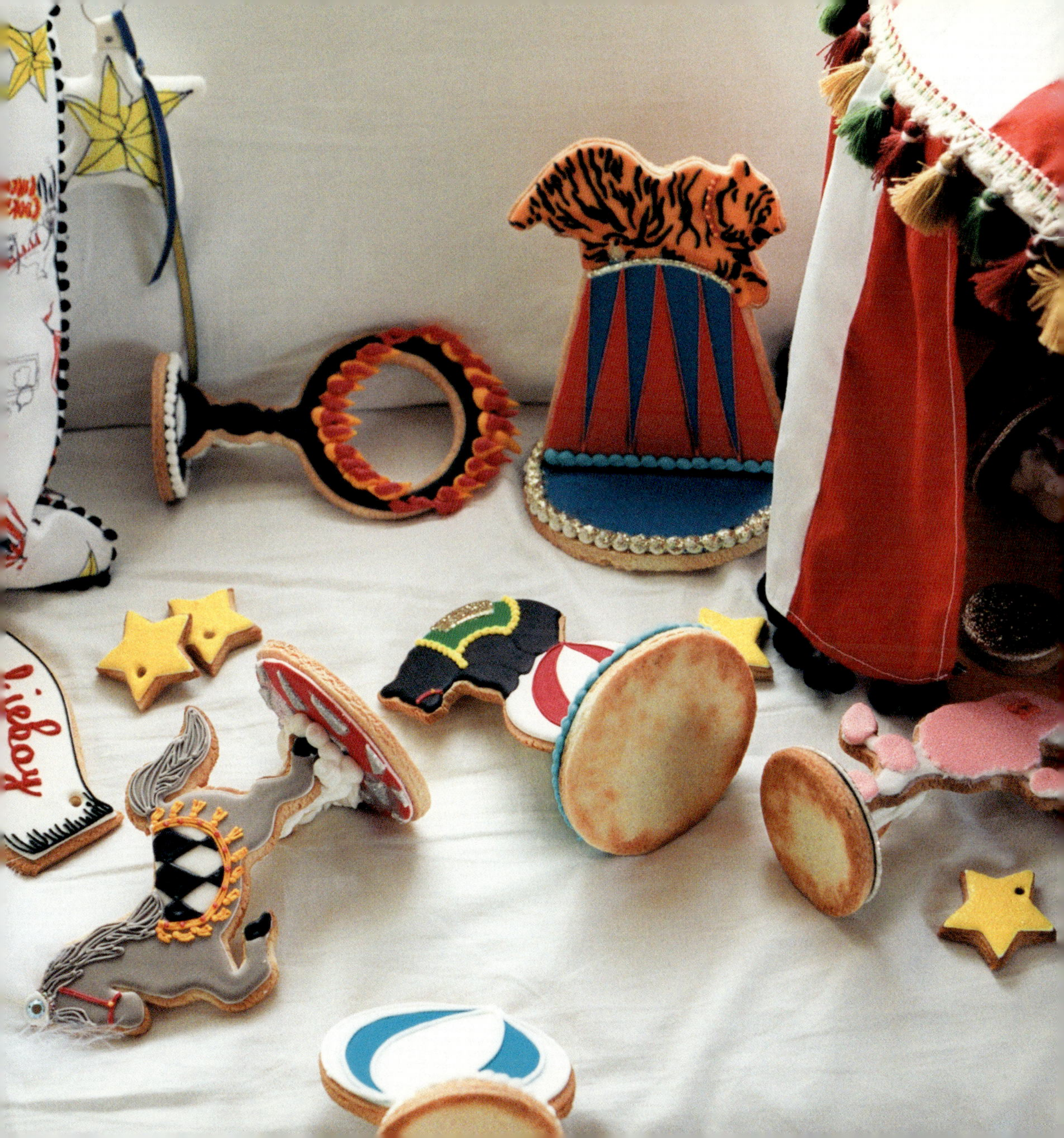

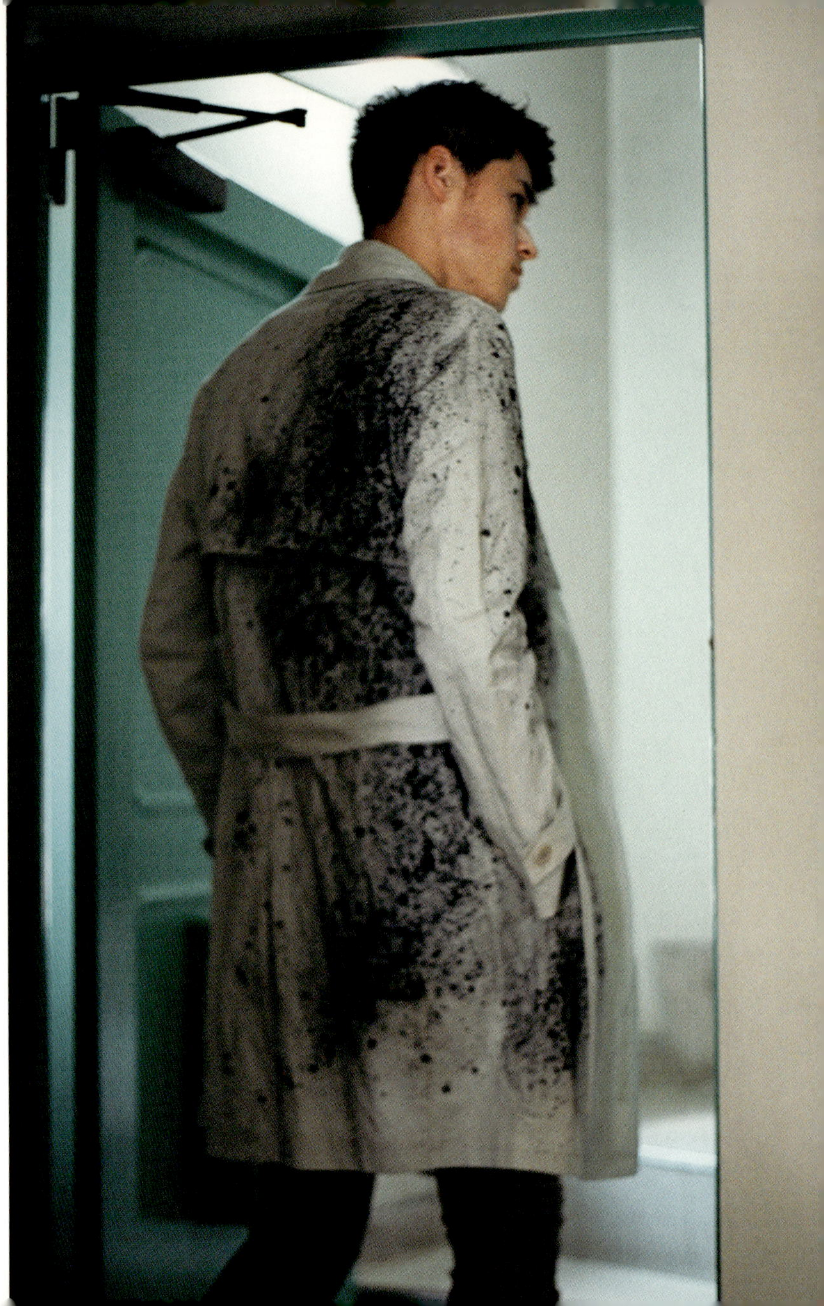

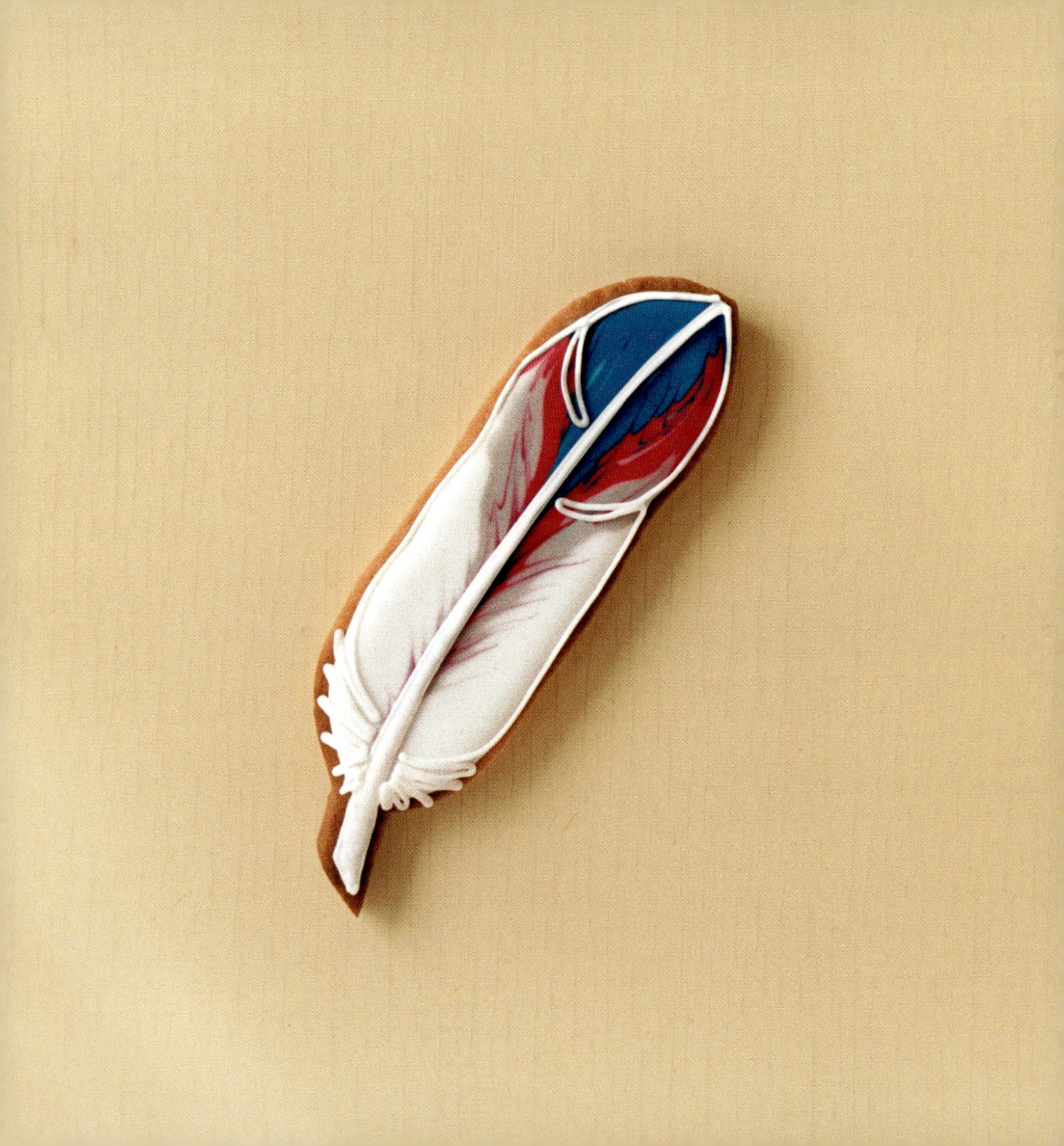

I love, Cookiee.

Cookieboy

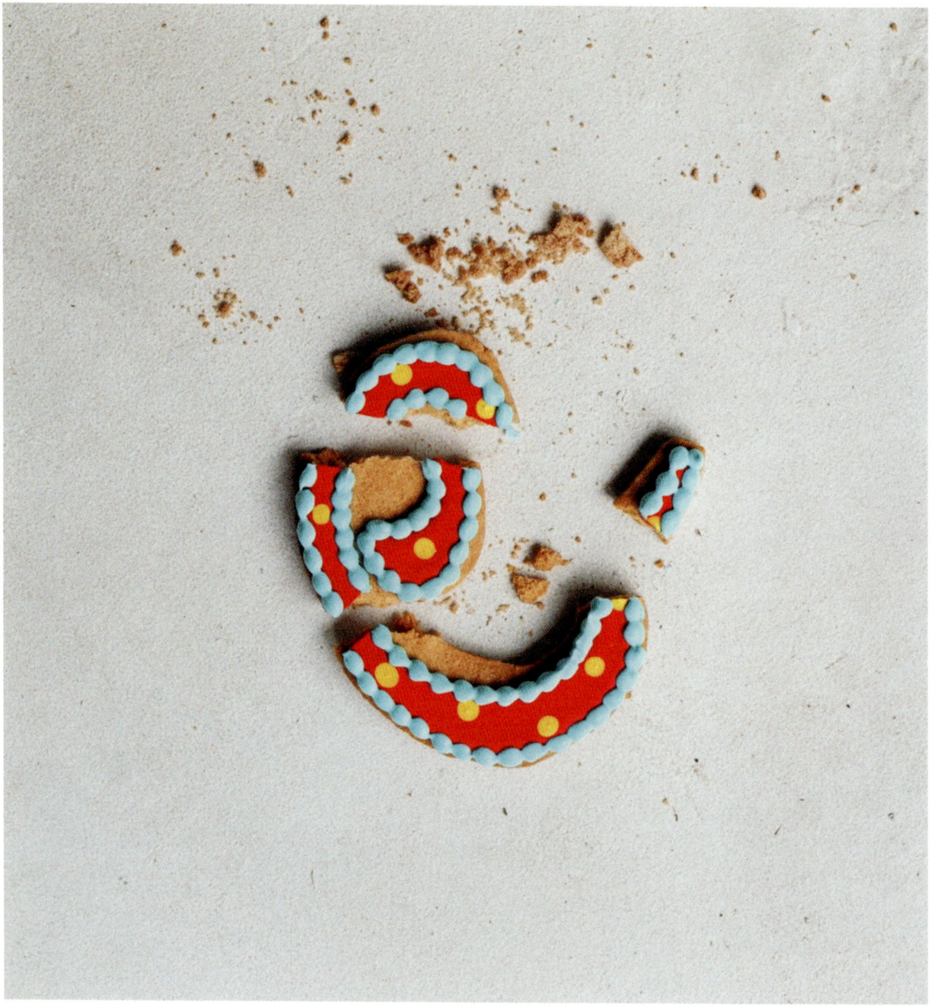

RECIPE

ICiNg

MATERIALS
アイシングの材料

a 粉糖 …………………… 200g
b 卵白 …………………… Mサイズ1個分
c レモン汁 ……………… 小さじ1
d 食用色素 ……………… 各種

ICING アイシングのつくり方

用意するもの　ボウル／ゴムべら／ハンドミキサー

1 ボウルに粉糖を入れる。

2 レモン汁と卵白を加えたら、粉っぽさがなくなるまでゴムべらで軽く混ぜる。

3 ハンドミキサーに持ち換え、さらに混ぜる。すくうとツノがピンと立つ固さになれば完成。

固さの目安&調整方法

固め
基本の固さ。スプーンですくうと、ツノが立つくらい。

中間
スプーンですくうと、かたまりがゆっくり下に落ちていく。

やわらかめ
スプーンですくうと、ひらひらとゆっくり落ち、3秒ほどで表面になじむ。

固さを調整する方法

固めのアイシングをやわらかくする場合は水を加え、やわらかめのアイシングを固くする場合は粉糖を加え、お好みの固さに調整します。ラインを描くときや口金を使うときは固め、パーツをつくるときは中間、ベースを塗るときはやわらかめと覚えておくと便利。

COLOR 色をつける

用意するもの　　ボウル／コップ／スプーン／つまようじ／食用色素／絞り袋／ハサミ

1　つまようじの先で食用色素を取り、アイシングに加える。

2　色が均一になるようにスプーンで混ぜる。

3　色を濃くしたい場合は、食用色素を足しながら調整する。

絞り袋につめる

絞り袋をコップにセットし、アイシングをスプーンで入れる。絞り袋を取り出し、アイシングを先端まで流したら、袋口を縛る。最後に先端をハサミで切る。

口金をつける場合

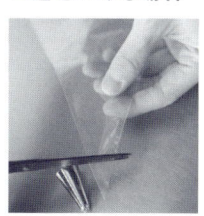

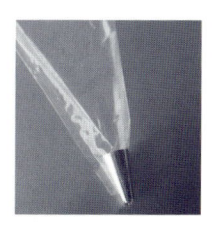

口金のサイズに合わせて、絞り袋の先端をハサミで切る。絞り袋の内側に口金を入れ先端にセットしたら、アイシングを詰め込み袋口を縛る。

LINE ドットとラインの基本

▶ドット

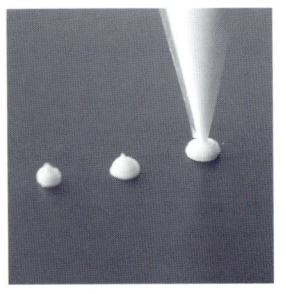

アイシングを絞り、好みの大きさのドットをつくる。円を描くように回しながら、絞り袋を持ち上げるときれいなドットが完成する。

ツノを消す

ツノが立ってしまったときは、指もしくは筆で軽く押さえると、きれいに仕上がります。

▶直線

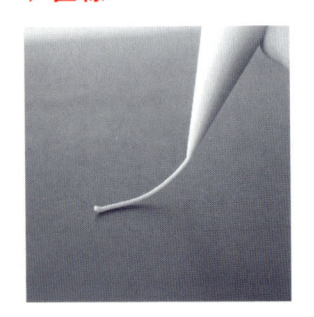

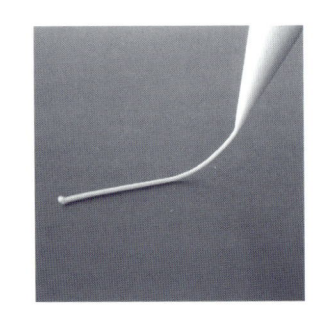

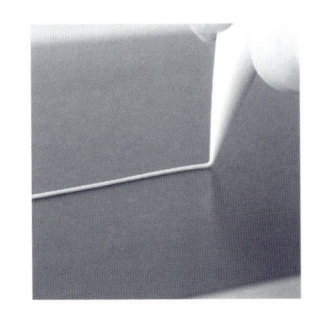

ゆっくりと絞りながら直線を引く。絞り袋を1cmほど浮かせ、アイシングの線を置くようなイメージで。

▶波線

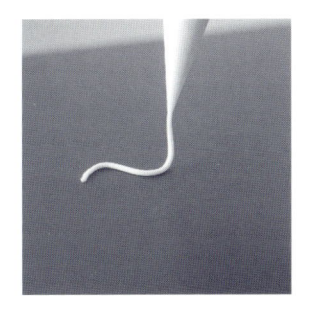

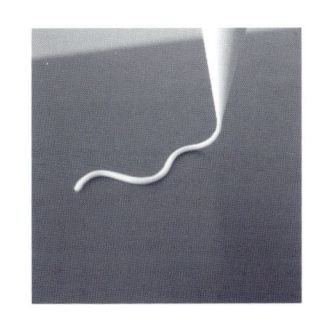

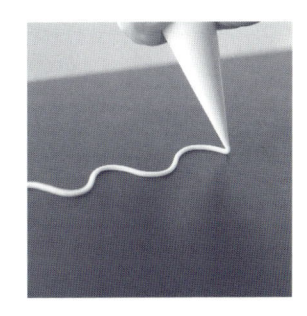

ゆっくりとカーブさせながらラインを引く。絞り袋を少し浮かせながら描くとなめらかできれいな曲線に仕上がる。

▶カモメ線

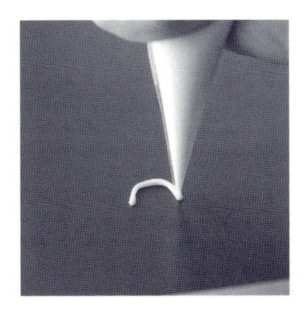

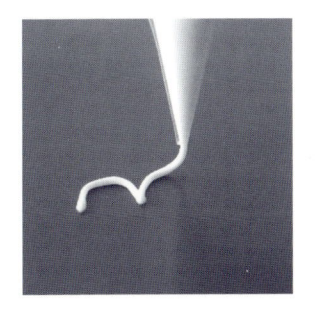

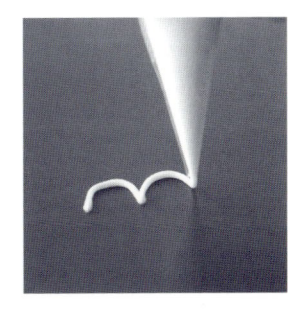

半円を描いたら力を抜いて動きを止める。この動きを繰り返し、ラインをつなげるように曲線を描いていく。

LET'S TRY!

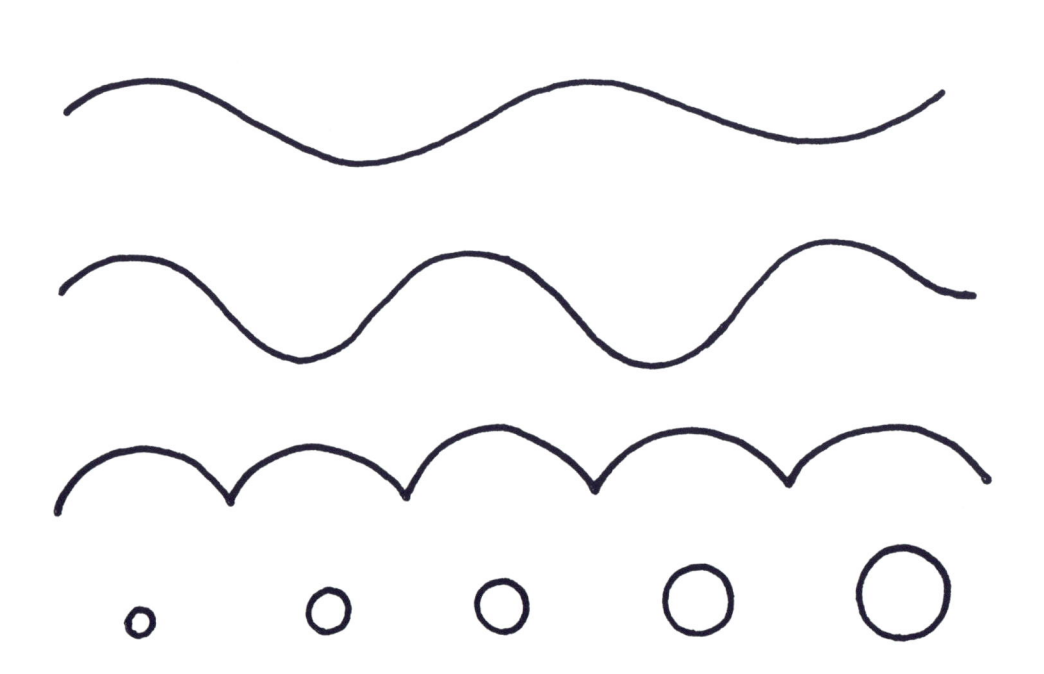

56

このページをコピーして、アイシングの練習をしてみましょう。

BASE ベースをつくる

▶One color

1 クッキーの形に沿って、アウトラインを引いていく。

2 アウトライン用のアイシングの固さは、"固め"がベスト。

3 アウトラインが乾いたら、やわらかめのアイシングを流し込む。

4 スプーンでならしながら、隅までしっかりと埋める。量が足りない場合は、アイシングを足して調整。

5 ぷっくりとした厚みを出すと、きれいに仕上がるが、アイシングの入れ過ぎに注意する。

― 気泡が気になるときは ―

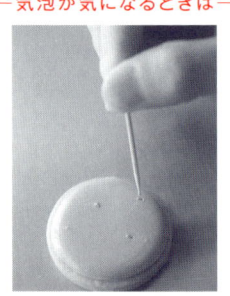

乾かないうちに、気泡をつまようじで刺して空気を抜きます。

▶Two color

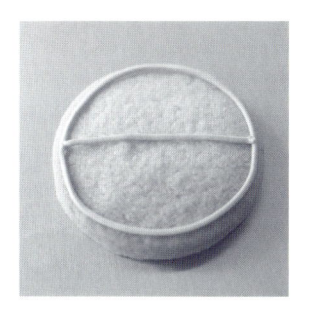

1 クッキーの形に沿って引いたアウトラインのほか、色を分けたい部分にもラインを引く。

2 片側にアイシングを流し込み、隅まで埋める。

3 もう片側にも、別の色でつくったアイシングを流し込む。

4 隅のほうまできれいに埋めながらスプーンで表面をならしていく。

5 ムラのないように整えたら完成。

PRESERVATION

アイシングの保存方法

用意するもの　保存容器／ラップ

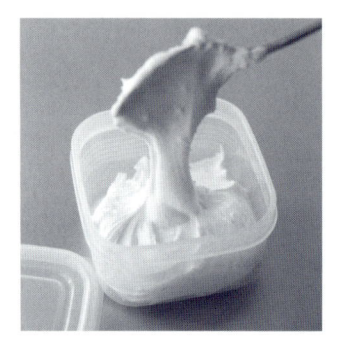

1　保存容器に余ったアイシングを入れる。

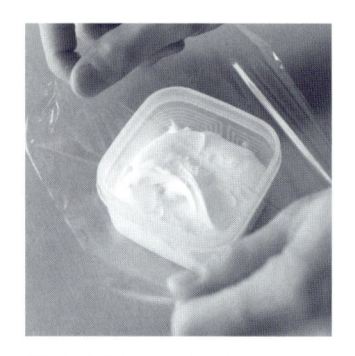

2　保存容器よりも少し大きめにカットしたラップをかける。

3　指で押しながら、ラップとアイシングの隙間を埋めるように密着させる。

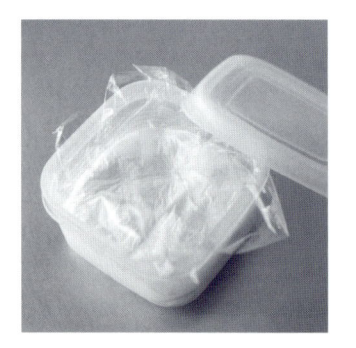

4　保存容器にフタをし、冷蔵庫に入れて保存。約1週間保存できますが、なるべく早く使い切りましょう。

TECHNIQUE

LINE

ベースを塗ったクッキーに、花びらの輪郭を細めのラインで描いていく。立体的なモチーフをクッキーにするときは、ラインで輪郭を強調すると、よりリアルに仕上がる。

GRADATION

アウトラインを引いたクッキーに、アイシングを塗りベースをつくる。乾かないうちに、別の色を中央部分にのせ、つまようじで引っかきながらグラデーションをつくっていく。

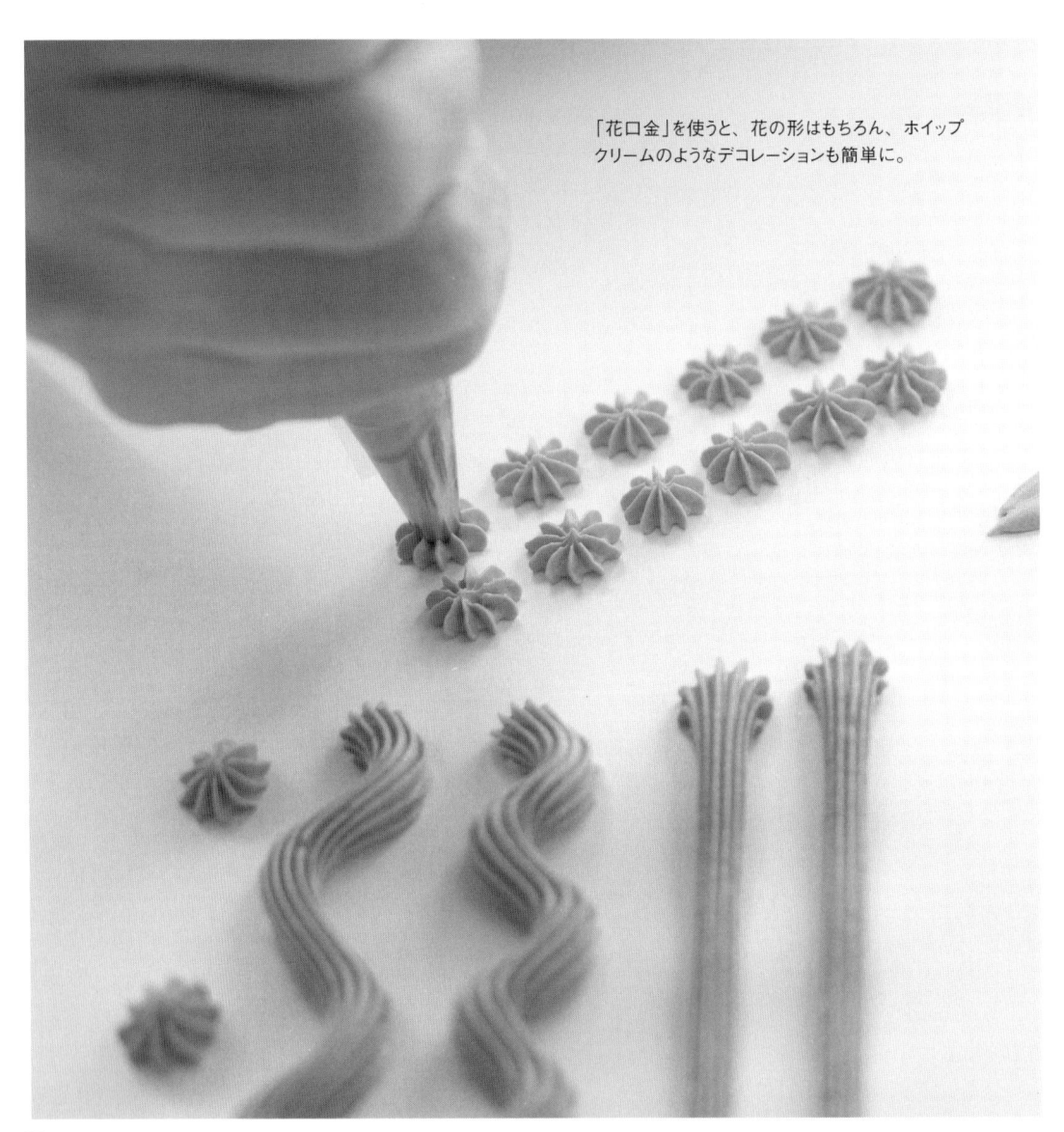

「花口金」を使うと、花の形はもちろん、ホイップクリームのようなデコレーションも簡単に。

METAL CAP

「木の葉口金」を使って、力を抜きながら絞ると葉っぱの形が簡単に再現できる。波打つように絞ると、レースのようなラインが完成。

PART 5

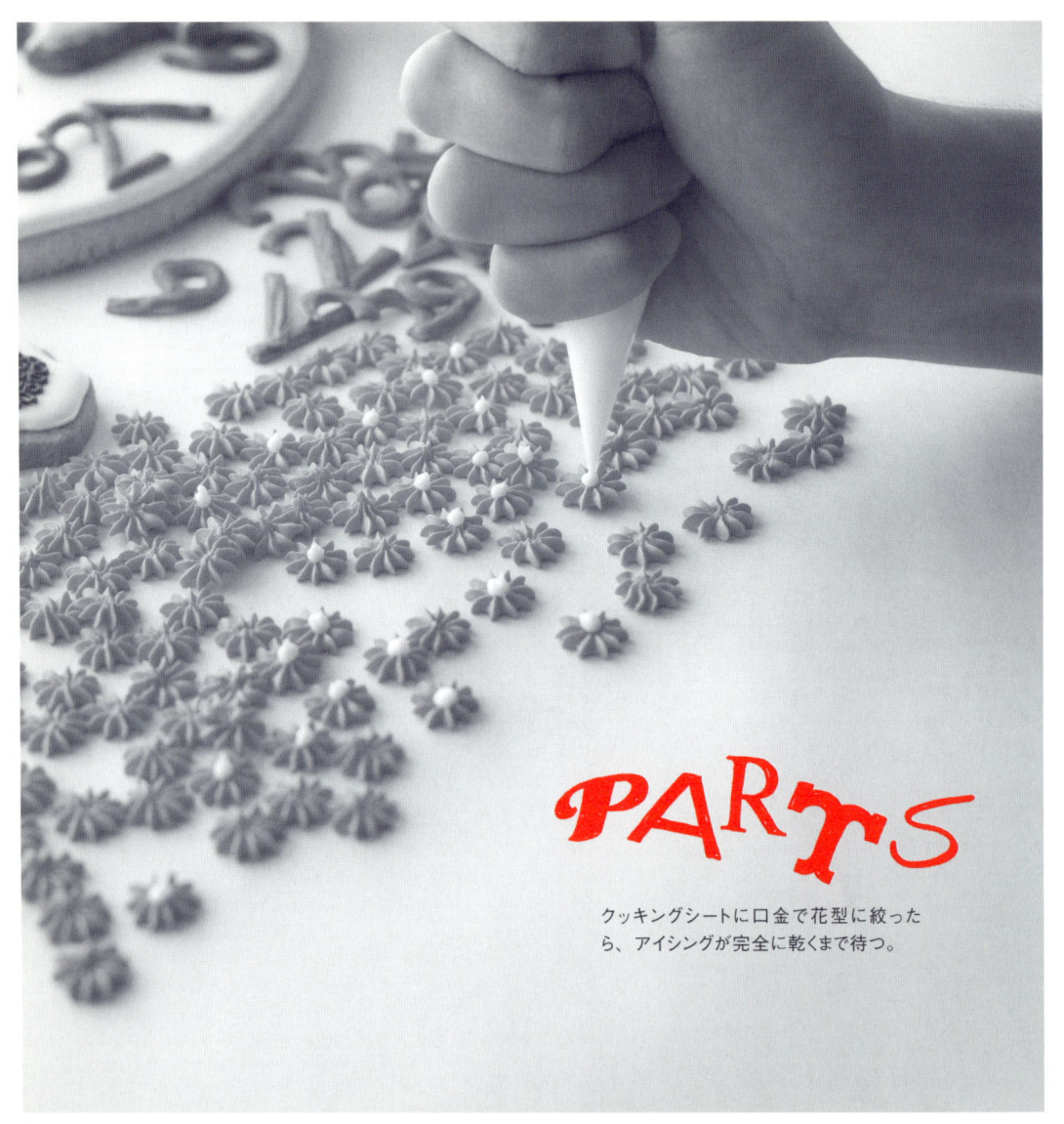

クッキングシートに口金で花型に絞ったら、アイシングが完全に乾くまで待つ。

乾いたパーツの裏側に固めのアイシングを適量塗り、クッキーの上にのせる。パーツとクッキーが完全に定着したら完成。

tEXtuRE

ベースを塗ったクッキーにグラニュー糖を振りかける。余分なグラニュー糖を払い落とすと、キラキラとした質感のあるクッキーに仕上がる。

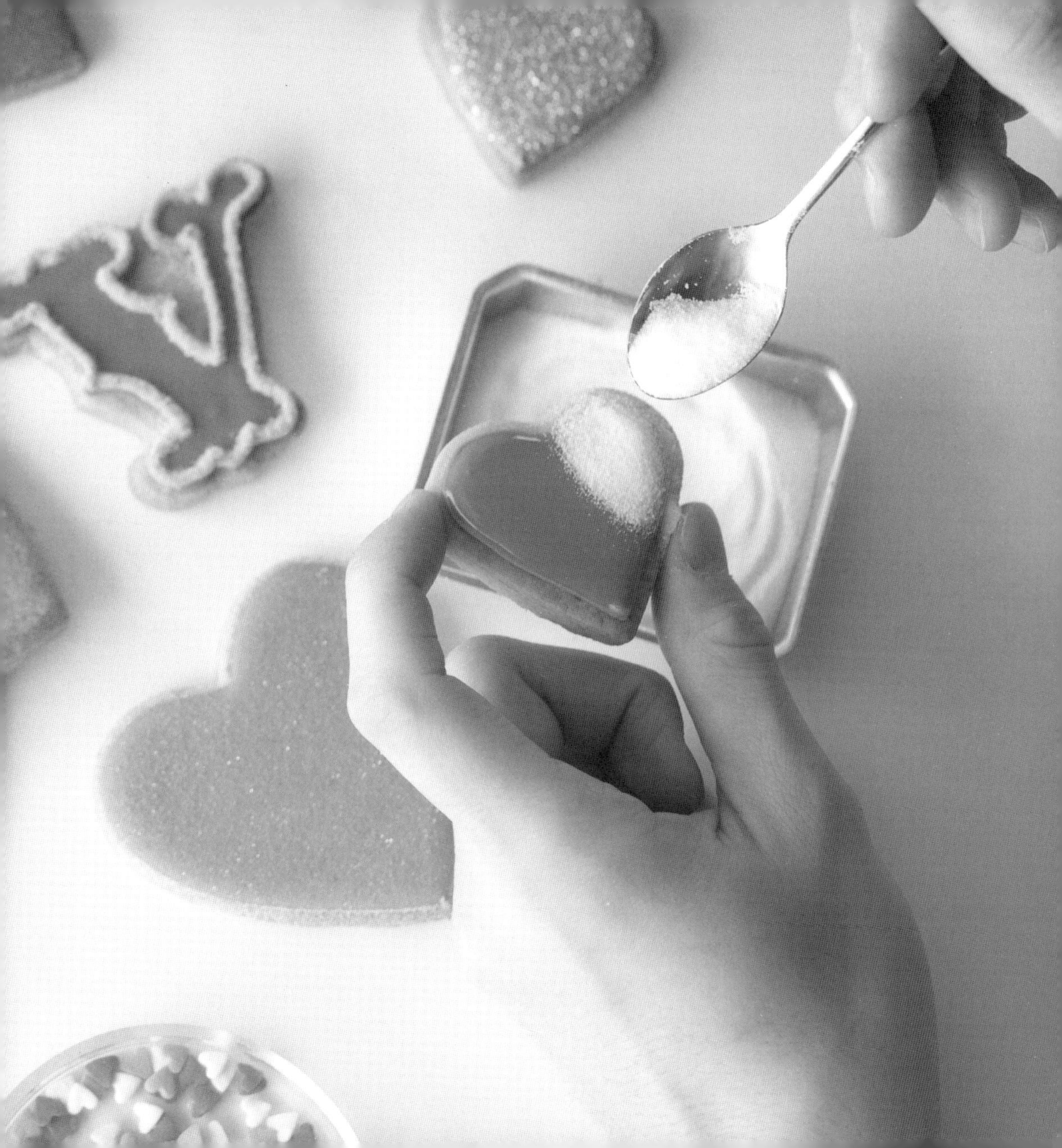

COOKIE

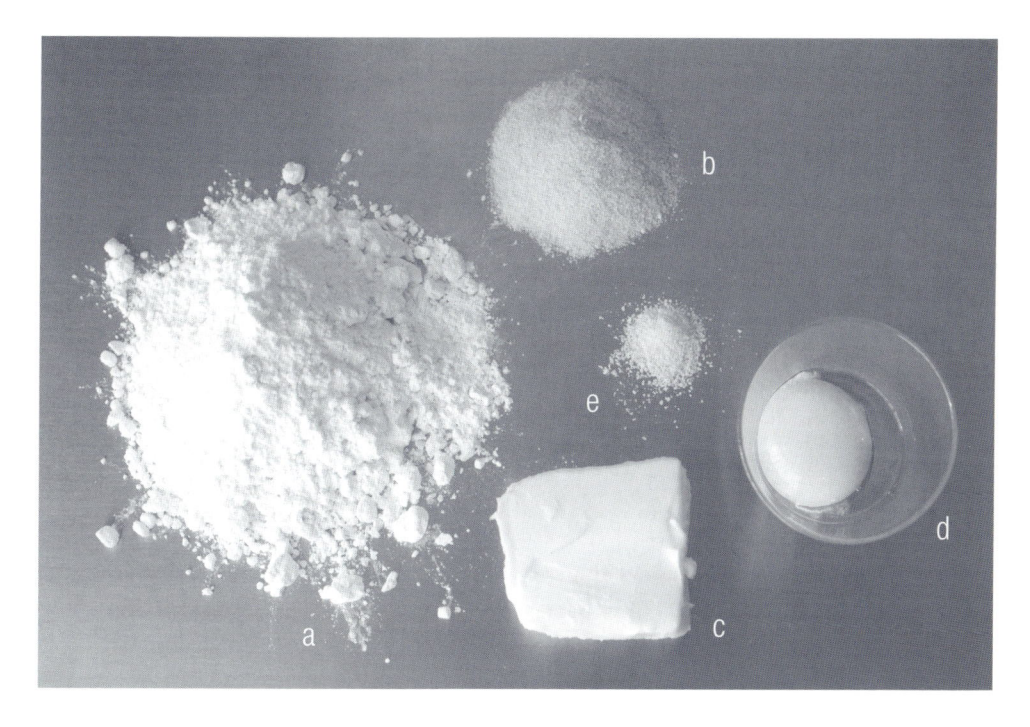

MATERIALS
クッキーの材料

[約15〜20枚分]

- a　薄力粉 ……………… 200g
- b　砂糖 ………………… 70g
  （本書では、きび砂糖を使用）
- c　無塩バター ………… 100g
- d　卵黄 ………………… Mサイズ1個分
- e　塩 …………………… ひとつまみ

ココア生地をつくる場合は、薄力粉170g、ココア30gとなります。

COOKIE クッキーのつくり方

用意するもの	大きめのボウル／泡立て器／粉ふるい／ゴムべら／めん棒／ラップ クッキングシート／型紙／包丁
事前準備	●バターと卵は室温に戻しておく　●オーブンを170度に温めておく

1 ボウルにバターを入れ、泡立て器で白っぽくなるまで混ぜる。

2 砂糖と塩を加え、クリーム状になるまでさらに混ぜる。

3 卵黄を加え、均一になるように混ぜる。

4 薄力粉を粉ふるいにかけながら加える。

5 ゴムべらで生地を切るようにさっくりと混ぜ合わせていく。

6 粉っぽさがなくなり、薄力粉と生地がなじむまでしっかりと混ぜる。

7 ボウルの中央に生地を集め、ひとつにまとめていく。

8 生地のかたまりをラップでしっかり包み、冷蔵庫で1時間以上寝かせる。

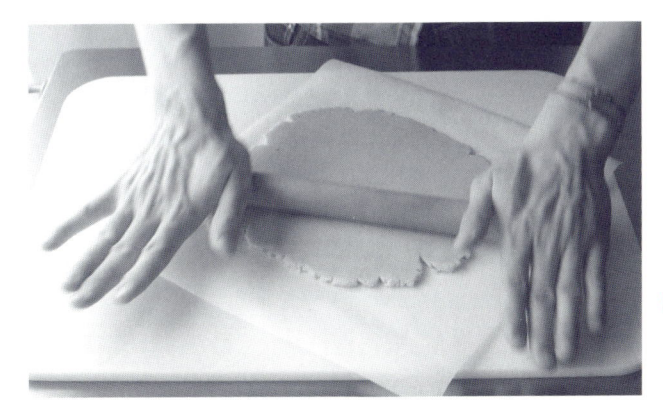

9 クッキングシートを敷き、その上に生地を置いたら、めん棒で5mmほどの厚さに伸ばしていく。

COOKIE

10 生地の上に型紙を置き、密着させるように指でなじませる。

11 型紙の形に沿って、包丁で切り抜く。

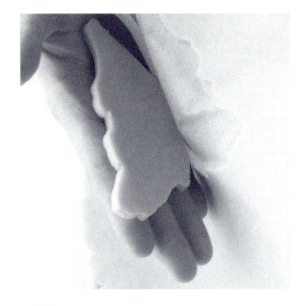

12 クッキングシートから、型抜きした生地を取りだす。

13 天板にクッキングシートを敷き、型抜きした生地を並べる。

14 ふくらみ防止のため、つまようじで穴をあけたら、170度のオーブンで15分〜25分、様子をみながらきつね色になるまで焼く。

型紙のつくり方

P78〜81に描かれた型紙をお好みのサイズに合わせてコピーします。形に沿ってハサミで切り抜いたら、オリジナルの型紙の完成です。

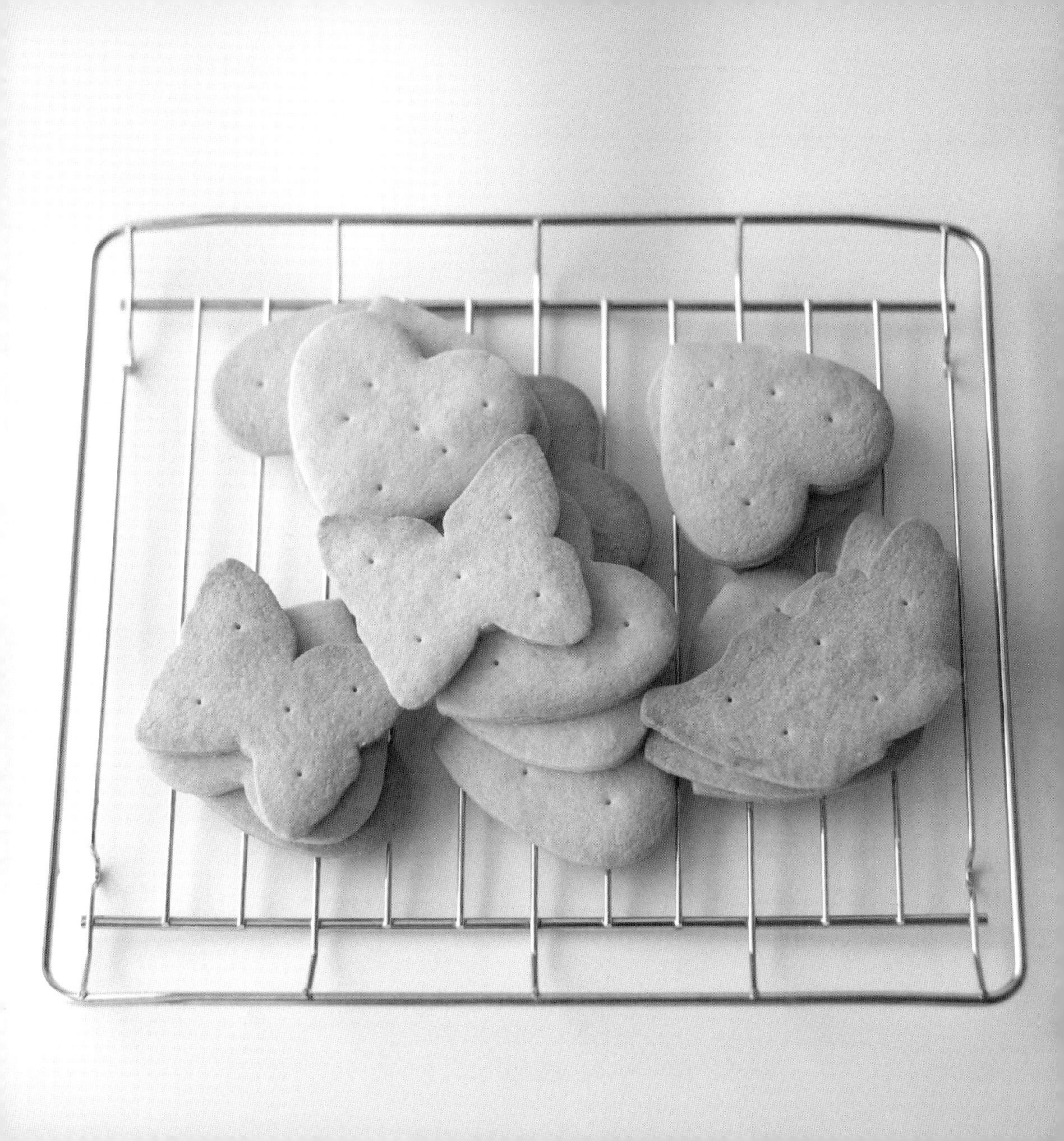

78 このページをコピーすると、オリジナルの型紙として使えます。

79

1 2 3 4

80

このページをコピーすると、オリジナルの型紙として使えます。

BIOGRAPHY 過去の作品

ファーストエキシビション
『COOKIEBOY CIRCUS
クッキーボーイサーカス団』
2010 3/26-4/6
ROCKET　www.rocket-jp.com/

『cookieboy × eiki mori』
2010 11/16-21
Cafe & Bar CONTAINER
www.container-web.net/

『WEDDING DISPLAY』
2010 12/19

『BROSS DISPLAY&WORKSHOP』
2011 4/17-19
BROSS   www.bross-hair.com/

『cookieboy exhibition-Cookie Room-』
2011 4/29-5/15
Gallery North Gate gallery in the SILAS&MARIA daikanyama
www.silasandmaria.com/

『GreenFingers DISPLAY』
2011 7/18
GreenFingers
www.greenfingers.jp/

『クッキーボーイの七宝展
 -cookieboy × Kenichi Kondo-』
2011 7/29-8/14
Object by gallery deux poissons
www.deuxpoissons.com/object/

STAFF
チーム クッキーボーイ！

Artist
cookieboy

Art Direction
村上 周 / 鈴木優哉 (AMDR)

Design
鈴木優哉　藤原恭子 (AMDR)
松田直子 (Zapp!) P49〜P84

Photo
森 栄喜

Hair & Make up
RYOKI

Model
Tetsu (BE NATURAL)
KAI

Edit
鴨志田倫子 (Mosh books)

Proofreading
麦秋社

Cooperation
深澤 絵　森北菜摘
(村上美術株式会社)

Management / Styling
久保田隆之

Special Thanks♡
Alice (FUJITATE P's cat)
ここあ (rabbit)

DOUGUYA (ロケーション協力)
03-5875-8865
www.demodedogu.com

クオカ (製菓材料・道具協力店)
0120-863-639
www.cuoca.com

アワビーズ (撮影道具協力)
03-5786-1600
www.awabees.com

giraffe (衣裳協力)
03-5941-5675
giraffe-tie.com

is-ness (衣裳協力)
03-5458-8122
www.is-ness.com

Lee japan (衣裳協力)
03-5604-8948
lee-japan.jp

クッキーボーイのアイシングクッキー
リアルでアートなデコクッキーレシピ

2011年11月30日　初版第1刷発行

著者　cookieboy
発行者　竹内和芳
発行所　株式会社　祥伝社
　　　　〒101-8701　東京都千代田区神田神保町3-3
　　　　電話　販売　03-3265-2081
　　　　　　　業務　03-3265-3622
　　　　　　　編集　03-3265-3761

印刷・製本　大日本印刷株式会社

☆定価はカバーに示してあります。

☆本書の全部または一部を無断で複写(コピー)することは著作権法上での例外を除き、禁じられています。なお、自炊代行業者など、購入者以外の第三者による電子データ化および電子書籍化は、個人や家庭内での利用であっても著作権法違反となります。

☆造本には充分注意しておりますが、万が一、落丁・乱丁などの不良品がございましたら、弊社「業務部」までご連絡下さい。送料弊社負担にてお取り替え致します。ただし、古書店で購入されたものについてはお取り替えできませんので、何卒ご了承下さい。

ISBN978-4-396-43047-4　C2077
© cookieboy 2011
Printed in JAPAN

祥伝社のホームページ http://www.shodensha.co.jp